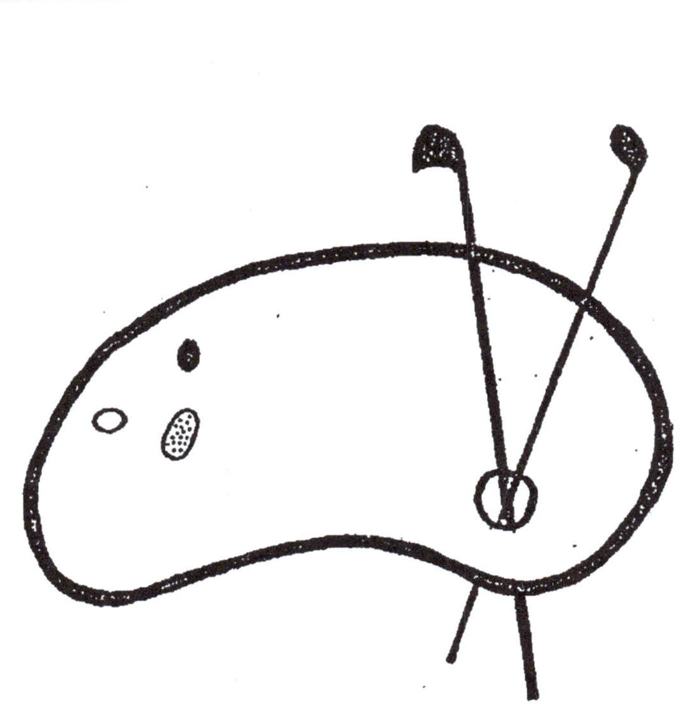

DEBUT D'UNE SERIE DE DOCUMENTS
EN COULEUR

A. de POULPIQUET, O. P.

La Notion de Catholicité

BLOUD & C ie

S. et R. 560

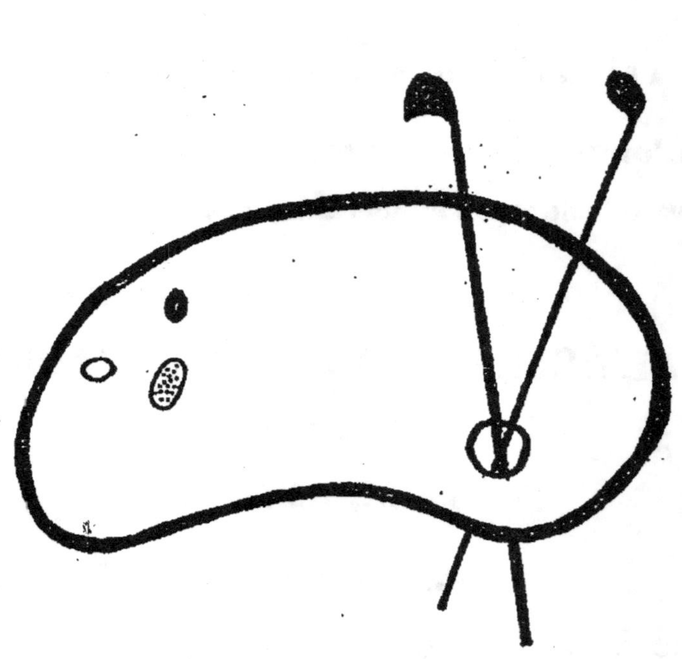

FIN D'UNE SERIE DE DOCUMENTS
EN COULEUR

La Notion de Catholicité

QUESTIONS THÉOLOGIQUES

LA NOTION DE CATHOLICITÉ

PAR

A. de POULPIQUET, O. P.

PARIS

LIBRAIRIE BLOUD & Cie

7, PLACE SAINT-SULPICE, 7

1 ET 3, RUE FÉROU. — 6, RUE DU CANIVET

1910

Nous avons lu l'opuscule du R. P. DE POULPIQUET, O. P., sur la **Notion de Catholicité.** Nous le jugeons digne d'être publié.

Le Saulchoir, Kain, 29 juin 1909.

Fr. Ambr. GARDEIL, O. P.
S. Theol. magister, librorum censor.

Fr. A. LEMONNYER, O. P.
Librorum censor.

Superiorum facultate.

IMPRIMATUR
Parisiis, die 29 novembris, 1909.
G. LEFEBVRE, V. g.

AVANT-PROPOS

Cette étude a paru dans la Revue des Sciences Philosophiques et Théologiques *(Janvier 1909). Nous l'avons précisée et développée sur plusieurs points. Il nous a semblé utile, tout en maintenant la nécessité de la catholicité quantitative, d'insister davantage sur son aspect qualitatif et spirituel. Dans ce travail, nous avons simplement esquissé les lignes générales de l'argumentation.*

A. DE POULPIQUET, O. P.

Le Saulchoir, Kain (Belgique).

LA NOTION
DE CATHOLICITÉ

La catholicité de l'Eglise se composerait, d'après les auteurs classiques, des trois facteurs suivants : *unité, chiffre considérable des adhérents, extension géographique.* C'est ainsi que le P. de Groot la définit : « *Catholicitatis nota est Ecclesiæ proprietas, qua conspicue numerosa et ubique una per mundum universum emanat* (1). » Le P. Chr. Pesch : « *Ecclesia dicitur absolute catholica, quatenus ita per orbem terrarum propagata est, ut ubique visibilis sit; dicitur relative catholica, quatenus numero membrorum, omnem alium cœtum hæreticum vel schismaticum visibiliter superat. Patet in utraque significatione notam catholicitatis supponere et includere notam unitatis* (2). » « *Ecclesia,* écrit Brugère, *est societas essentialiter catholica et præeminenter catholica, id est extensionem habens aliquatenus universalem et qualibet alia christiana communione præstantiorem* (3). » Ces diverses citations, que nous pourrions d'ailleurs multiplier, suffisent à prouver l'identité substantielle du concept de catholicité chez la plupart des auteurs.

(1) *Summa Apologetica*, q. 5, a. 4, 3ᵉ édit., p. 172. Ratisbonne, Manz, 1906.

(2) *Prælect. Dogmat.*, P. II, nᵒ 406, 3ᵉ édit., p. 254. Fribourg-en-Br., Herder, 1893.

(3) *De Ecclesia Christi*, P. II, Ecclesiæ Christi Inventio, p. 290, Paris, 1873.

Les définitions qui précèdent, insistent donc uniquement sur le côté extérieur et quantitatif de la catholicité. En épuisent-elles toute la notion ? Nous ne le pensons pas. Il est bien certain que l'unité, le nombre des fidèles, l'extension géographique en sont des parties intégrantes, mais, croyons-nous, ces divers éléments possèdent en plus un aspect *qualitatif* qui les complète, les explique, en les rattachant à la cause intime d'où ils procèdent, et permet ainsi à la catholicité de l'Eglise d'atteindre sa pleine valeur de note. Voilà ce que nous voudrions mettre en lumière dans les pages qui vont suivre. Ce n'est donc pas un *solvere* que nous tentons, mais un *adimplere*. Nous dirons d'abord pourquoi l'unité, le nombre des fidèles, l'extension géographique, tout en étant les conditions nécessaires de la catholicité, ne nous en paraissent pas les conditions suffisantes. Nous indiquerons ensuite ce qu'on doit, selon nous, y ajouter pour parfaire la notion de catholicité et en définir adéquatement l'essence.

CHAPITRE PREMIER

Nécessité et insuffisance de la catholicité quantitative.

Reprenons un par un les trois facteurs indiqués ci-dessus et montrons tout d'abord qu'aucun d'eux n'est à rejeter.

Il n'est pas difficile de comprendre que la catholicité est impossible sans l'unité de foi et de gouvernement. L'unité étant nécessaire pour constituer l'être dans son fond le plus intime (1), une société religieuse divisée dans sa doctrine et dans sa hiérarchie, se décompose par le fait même. Ce serait une opération ridicule et contradictoire que de vouloir réaliser de l'universalité, en additionnant des unités d'espèces différentes. Par suite « une collection de sectes disparates, quels que soient le nombre et la diffusion de ses adhérents, ne saurait former qu'une multitude incohérente qui, bien loin d'être catholique, serait la négation même de la catholicité » (2). Dans un célèbre chapitre de son livre *Du Pape* (3), J. de Maistre

(1) S. Thomas, *Summ. Theol.*, Iʳᵉ P., Q. XI, a. 1.
(2) H. Moureau, *Dict. de Théol.*, art. *Catholicité*, p. 2007.
(3) « Une grande et magnifique cité d'Europe se prête à une expérience intéressante que je propose à tous les penseurs. Un espace assez resserré y réunit des Eglises de toutes les communions chrétiennes. On y voit une Eglise catholique, une Eglise russe, une Eglise arménienne, une Eglise calviniste, une Eglise luthérienne ; un peu plus

démontre, avec la vigueur et l'originalité qui caractérisent sa manière, l'impossibilité de donner aux Eglises dissidentes un nom commun qui exprime l'unité.

Cependant, si la catholicité n'ajoute rien à l'unité, si les deux idées sont convertibles, comme dit l'école, et se définissent l'une par l'autre, catholicité et unité sont réellement identiques. Sans doute, il y a d'étroites relations entre l'unité, la sainteté, la catholicité et l'apostolicité, mais ces relations ne vont pas jusqu'à fusionner en un seul et même argument ces divers signes de la véritable Eglise de Jésus-Christ. Si la catholicité formelle est constituée par l'unité, ainsi que le pensent certains auteurs, n'est-ce pas se payer de mots que de parler des quatre notes de l'Eglise ? Il faut donc plus qu'une distinction nominale entre ces deux propriétés ; catholicité et unité doivent former, chacune dans leur ordre, un motif de crédibilité différent.

Les éléments spécifiques de la catholicité, que l'analyse ne saurait ramener à la simple unité, seront-ils l'extension dans l'espace et le grand

---

loin se trouve l'Eglise anglicane ; il n'y manque, je crois, qu'une Eglise grecque. Dites donc au premier homme que vous rencontrez sur votre route : Montrez-moi l'Eglise orthodoxe. Chaque chrétien vous montrera la sienne, grande preuve déjà d'une orthodoxie commune. Mais si vous dites : Montrez-moi l'Eglise catholique ? Tous vous répondront : La voilà ! et tous montreront la même, grand et profond sujet de méditation. Elle seule a un nom dont tout le monde convient, parce que ce nom devant exprimer l'unité qui ne se trouve que dans l'Eglise catholique, cette unité ne peut être méconnue où elle est, ni supposée où elle n'est pas. Amis et ennemis, tout le monde est d'accord sur ce point, personne ne dispute sur le nom qui est aussi évident que la chose. Depuis l'origine du christianisme, l'Eglise a porté le nom qu'elle porte aujourd'hui, et jamais son nom n'a varié ; aucune essence ne pouvant disparaître ou même s'altérer sans laisser échapper son nom » (l. IV, ch: v).

nombre d'adhérents ? La plupart des auteurs le pensent, et entendent, comme nous l'avons vu plus haut, l'universalité impliquée dans le mot catholique, dans un sens arithmétique et géographique. Reconnaissons, avant de critiquer cette théorie, la grande part de vérité qu'elle contient.

Il y a, tout d'abord, dans le fait du nombre et de l'ubiquité, quelque chose qui n'est pas compris *de soi* dans le pur concept d'unité. L'universalité étant l'unité multipliée (unum versus alia) ne peut se concevoir sans elle, mais l'unité ne signifie dans sa rigoureuse précision que l'indivision ontologique. La catholicité de l'Eglise serait donc l'extension dans l'espace de son unité. On le voit, il y a là de quoi justifier au moins une distinction modale. Nous montrerons plus loin qu'elle n'est pas encore suffisante pourtant.

De plus, l'extension numérique et géographique est nécessaire pour que la catholicité soit une *note* de l'Eglise. Tous les apologistes enseignent, et avec raison, que les notes, étant destinées à faire connaître au monde les propriétés de la véritable Eglise, doivent se manifester extérieurement (1), posséder une visibilité suffisante pour s'imposer, comme autant de signes de vérité, à toutes les âmes de bonne volonté. « Ut autem officio veram fidem amplectendi, in eaque constanter perseverandi satisfacere possemus, lisons-nous dans les actes du Concile du Vatican, Deus per Filium suum unigenitum Ecclesiam instituit, suæque institutionis manifestis notis instruxit, ut

(1) Cf. De Groot, *op. cit.*, q. 5, a. 1, p. 148 et seq. *De indole et numero notarum.*

ea tamquam custos et magistra verbi revelati ab omnibus posset agnosci (1). »

Or, Jésus a voulu fonder une religion universaliste. Le discours sur la montagne est universaliste. On compte dans l'auditoire des habitants de Tyr, de Sidon, de la Décapole (*Matth.*, v, 25) et la parole du Maître atteint tous ceux qui sont venus pour l'entendre et pour être guéris de leurs maladies. Ses disciples sont « le sel de la terre », « la lumière du monde », et cette lumière doit « luire devant les hommes » (*Matth.*, v, 13 et seq.). Le démoniaque guéri au pays des Géraséniens reçoit l'ordre de raconter aux villes païennes ce que Jésus a fait pour lui (*Marc,* v. 19 et 20). Touché de l'humilité du centurion, Jésus annonce lui-même l'entrée des Gentils dans le royaume : « Or, je vous déclare que beaucoup viendront de l'Orient et de l'Occident et seront à table avec Abraham, Isaac et Jacob, dans le royaume des cieux » (*Matth.*, viii, 11). Ses disciples ont tout l'univers comme champ d'apostolat : « Allez, faites disciples toutes les nations » (*Matth.*, xxviii, 19); ils seront ses témoins « à Jérusalem, dans toute la Judée, dans la Samarie et jusqu'aux extrémités de la terre » (*Act.,* i, 8) (2). On sait avec quelle

----

(1) Cf. Denzinger, *Enchiridion*, n° 1642. 9ᵉ édit., p. 389.

(2) Cf. Rose, *Etudes sur les Evangiles,* ch. iii. Paris, Welter, 1902. — Batiffol, *L'Enseignement de Jésus,* ch. v. Le royaume de Dieu. Paris, Bloud, 1905. — J. Touzard, *L'Argument prophétique. Rev. prat. d'Apologétique,* 15 sept. 1908. Le récent ouvrage de M. Max Meinertz est consacré à l'étude du problème de l'évangélisation universelle dans l'Ancien et le Nouveau Testament. Le savant professeur reconnaît que Jésus avait pleine conscience de cette valeur universelle de l'Evangile et qu'il l'a consacrée par d'expresses déclarations. *Jesus und die Heidenmission. Biblisch-theologische Untersuchung. (Neutestamentliche Abhandlungen,* hrsg. von Pr. Dr. A. Bludau. Heft. 1 et 2).

pénétration et quelle ardeur, saint Paul a compris, développé, réalisé ce programme universaliste (1). Si donc l'Eglise romaine est catholique, c'est-à-dire universelle, elle doit avoir une extension et par suite compter un chiffre d'adhérents, qui sans atteindre la perfection suprême et définitive, puissent cependant justifier son titre aux yeux de tous. C'est la distinction classique de la catholicité *physique* et de la catholicité *morale*. Aussi l'histoire de l'Eglise la montre-t-elle comme régie par une sorte de loi de compensation. « Sans doute, dans le cours des siècles, a-t-on dit excellemment, elle a subi de graves défections, celles par exemple, dues au schisme d'Orient ou de la grande hérésie protestante, mais sa catholicité n'a pas été éclipsée par ces douloureux évènements. On constate, en effet, qu'aux époques où ils se produisent, l'Eglise romaine réparait ailleurs ses pertes par de nouveaux accroissements. Ainsi, dans le temps qui s'écoula entre le commencement du schisme de Constantinople et la défection totale de la Russie, l'Eglise prenait pied et s'établissait dans l'Allemagne septentrionale, la Norvège, la Finlande, la Lithuanie, la Transylvanie, pour ne parler que de l'Europe ; ainsi au xvie siècle, la conversion des Indes occidentales et de l'Amérique espagnole venait équilibrer et au delà les pertes causées par le protestantisme. Grâce à ces compensations providentielles, l'Eglise romaine a toujours conservé, nonobstant toutes les désertions, le glorieux surnom

____

(1) Cf. S. PROTIN. *La Théologie de saint Paul. L'Evangile de saint Paul. Revue Augustinienne*, 15 avril 1908.

sous lequel les siècles n'ont cessé de la désigner avec saint Pacien : « *Christianus mihi nomen, catholicus cognomen* (1). »

On sait l'heureux parti que les Pères des premiers siècles ont tiré du caractère universaliste de l'Eglise romaine, si nettement opposé au particularisme local des sectes hérétiques (2). Voilà pourquoi l'opinion de Cano et de Bellarmin sur la catholicité successive est généralement abandonnée ; elle respecte, il est vrai, la catholicité-

______

(1) H. Moureau, *art. cit.*, p. 2012.

(2) « Quant aux hérésies, dit saint Clément d'Alexandrie, quelques-unes sont appelées d'après le nom de leur fondateur : ainsi celles de Valentin, de Marcion et Basilide ; d'autres sont nommées d'après une localité, comme celle des Pératiques. Les hérésiarques sont tantôt appelés d'après une nation, comme les Phrygiens ; tantôt d'après leurs actes, comme les Encratites ; quelques-uns d'après leurs doctrines particulières, comme les Docètes et les Hématites ; les Caïnites et les Ophites, d'après leurs hypothèses et ce qu'ils ont honoré ; d'autres enfin d'après leurs desseins pervers et leurs atrocités, comme ces Simoniens qui sont appelés Endichites. » (*Strom.*, VII, 17.) — « Il y a et il y a eu, écrit saint Justin, des hommes qui se sont présentés au nom de Jésus, et qui ont enseigné des paroles et des choses athées et blasphématoires, et nous les désignons en les appelant du nom de celui d'où est venue et par qui a commencé chacune de ces doctrines et de ces opinions. Les uns sont appelés Marciens ; d'autres Valentiniens ; d'autres Basilidiens ; d'autres Saturniens. » (*Tryph.*, 35.) — « Nous n'avons jamais entendu parler, dit saint Epiphane, de Pierristes, de Paulistes, de Bartholomistes ou de Thaddéistes ; mais dès le principe il y eut une prédication de tous les apôtres qui prêchèrent non leurs doctrines, mais Notre-Seigneur Jésus-Christ. C'est pourquoi ils donnèrent aussi un nom unique à l'Eglise ; ce ne fut pas leur propre nom, mais celui de leur Seigneur Jésus-Christ, puisqu'ils commencèrent d'abord à Antioche à être appelés chrétiens. C'est là la seule Eglise catholique, n'ayant d'autre nom que celui de Jésus-Christ ; elle forme une Eglise de chrétiens ; non de Christs, mais de chrétiens. Ils étaient appelés chrétiens de Celui qui est un. Cette Eglise et ceux qui prêchent ses doctrines offrent seuls ce caractère d'unité, ainsi que le montrent, en effet les épithètes de Manichéens, Simoniens, Valentiniens et Ébionites, par lesquels on désigne les sectes » (*Hær.*, 42.) — « Si jamais vous entendez appeler ceux qui sont chrétiens, dit saint Jérôme, de quelque autre nom que celui de Notre-Seigneur Jésus-Christ, à savoir Marcionites ou Valentiniens, sachez qu'ils ne font pas partie de l'Eglise de Jésus-Christ, mais qu'ils forment la synagogue de l'Antéchrist. » *In Lucif. fin.* — Cf. ég. O. Zidek, *De Ecclesiæ Catholicitate. Slavorum Litteræ Theologicæ*, ann. 4, n. 2. p. 112 et seq. ; — Batiffol, *l'Eglise naissante et le Catholicisme. Rev. prat. d'Apol.*, 15 oct. et 1er nov. 1907. ; — H. Moureau, *art. cit.*

propriété qui, de soi, ne requiert pas la visibilité, mais elle ne sauvegarde pas assez la diffusion actuelle exigée par la catholicité-note.

Il reste donc que l'expansion géographique et une quantité imposante de fidèles sont les conditions nécessaires de la catholicité. Sont-elles cependant les conditions suffisantes, soit de la catholicité-propriété, soit de la catholicité-note? Nous ne le pensons pas. Voici pour quels motifs.

1° Les partisans de cette théorie quantitative de la catholicité, ne se sont pas suffisamment tenus en garde contre ce qu'on est convenu d'appeler l'éloquence des chiffres et des faits. Celle-ci exerce toujours une fascination puissante, par son éclat sensible, son caractère éminemment positif et invulnérable aux objections métaphysiques, mais cette séduction, facile à comprendre, n'est pas sans dangers et on risque fort de s'ensevelir dans les chiffres et les faits, ou de vouloir leur donner une efficacité démonstrative qui les dépasse manifestement. N'est-ce pas être victime d'une illusion de ce genre, que de s'imaginer prouver adéquatement la catholicité de l'Eglise, à la seule aide d'imposantes statistiques, où l'on s'efforce d'établir que le nombre de ses fidèles l'emporte sur celui des autres communions chrétiennes, ou même des diverses religions de l'univers?

Il y a d'abord plus d'une réserve qui s'impose sur la valeur de ces statistiques, car elles arrivent rarement à concorder, même chez les auteurs catholiques, mais supposons-les exactes dans leur ensemble, quel argument solide peut-on en tirer en faveur de la véritable Eglise, si on ne les considère qu'à ce point de vue extérieur ? Le nombre et l'universalité dans l'espace appartiennent en définitive, et quoi qu'on fasse, à l'ordre de la *quantité,* celui qui, dans l'échelle des valeurs ontologiques, occupe le degré infime à cause de son rapport immédiat avec la matière. Il est donc difficile avec des éléments de qualité aussi inférieure, de déterminer, en remontant de l'effet à la cause, la propriété d'une société divine et surnaturelle comme l'Eglise (1). La conclusion et les prémisses ne sont-elles pas séparées de toute la distance de l'ordre des corps à l'ordre des esprits ? Et comme la note a pour fonction de manifester extérieurement la propriété, la catholicité-note de l'Eglise ne sera motif de crédibilité, que si cette universalité numérique et spatiale incarne une réalité d'une essence supérieure à la quantité.

2° La catholicité de l'Eglise ne peut pas être à la merci d'un déplacement de chiffres, s'étendre ou se restreindre suivant les frontières qu'elle parcourt. Nous accordons bien volontiers que la note de catholicité, comme celle de sainteté, peut, sans s'éclipser jamais totalement, être plus ou moins apparente au cours de l'histoire, *mais ses degrés ne se mesurent pas sur la quantité des adhérents ou les progrès de la diffusion de l'Eglise.* « Ce n'est pas parce qu'elle comptera un millier d'adhérents de plus, parce qu'elle aura envoyé des missionnaires dans une contrée jusquelà inexplorée, qu'elle sera plus catholique qu'au-

____

(1) « Numquid enim numerus materialiter sumptus, écrit très justement le P. Billot, divinum quid præ se fert ? » (*De Ecclesia Christi.* De Nota Catholic., q. V, p. 226.)

paravant ; elle ne le sera pas moins parce qu'un peuple aura fait défection (1). » L'Eglise pourra être plus catholique à une époque où elle compterait un nombre moindre de fidèles, et cela parce que la catholicité est constituée par autre chose que des chiffres, le véritable universalisme que sa notion implique n'étant pas, *premièrement* et *directement*, comme nous le verrons bientôt, un universalisme arithmétique ou géographique.

3° Enfin, le nombre et l'expansion considérés en eux-mêmes, ne sauraient distinguer avec assez de netteté l'Eglise catholique des autres communions chrétiennes. La quantité est quelque chose d'essentiellement *amorphe,* à raison de la matière où elle s'origine (2). Aussi, pour reconnaître parmi les différents arbres, qui se prétendent le développement normal du grain de sénevé, celui qui appartient à l'espèce évangélique, il ne suffira pas de compter le nombre de ses branches ou de mesurer la superficie qu'il couvre de son ombre. D'ailleurs les faits confirment ce principe que d'aucuns trouveront peut-être trop abstrait, et prouvent clairement l'insuffisance de la catholicité quantitative comme note de la véritable Eglise. L'infaillibilité et l'indéfectibilité ont été promises à l'Eglise et cependant au ive siècle, l'arianisme scinde la chrétienté orthodoxe et s'empare de la moitié des sièges épiscopaux; au xvie siècle, le protestantisme arrache à son influence la Grande-Bretagne, la moitié de l'Allemagne, les Pays-Bas, la Suède et

(1) J. DIDIOT, *Dict. d'Apolog.* (JAUGEY), art. *Eglise,* p. 1019.
(2) S. THOMAS, *Summ. Theol.*, IIIe P., Q. XC. a. 2 et Ire P., Q. XLVII a. 2.

la Norvège, une partie notable de la Suisse et de la France. A cela on répond très justement que l'infaillibilité et l'indéfectibilité n'ont pas été promises aux Eglises *particulières* mais à l'Eglise *universelle*. Considérées en elles-mêmes, les Eglises particulières ont été et demeurent faillibles et périssables. C'est bien, mais qui me dira où se trouve l'Eglise universelle seule indéfectible et infaillible? N'est-il pas impossible de la discerner en ces heures troubles de schismes ou d'hérésies, si l'on persiste à faire de la catholicité de l'Eglise une chose quantitative ? Il est évident qu'une simple addition ne résoudra pas la difficulté, et que la vérité ne se trouvera pas nécessairement du côté du plus fort contingent de fidèles. Si on a recours à l'unité pour se tirer d'embarras, on retombe dans l'inconvénient que nous avons signalé plus haut, à savoir d'identifier la catholicité et l'unité et de réduire les notes de l'Eglise. Il n'en va pas de même, si comme nous le verrons bientôt, la catholicité est une propriété essentiellement *qualitative,* car à supposer qu'une des sectes dissidentes soit arrivée ou arrive à un degré d'internationalisme ou à un chiffre d'adhérents égal à celui de l'Eglise romaine, celle-ci serait encore la seule catholique, non seulement parce qu'elle possède seule l'unité de foi ou de gouvernement, mais parce qu'elle garde seule le véritable universalisme, que Jésus est venu fonder et qui, tout en expliquant l'universalité d'extension, ne se confond pas avec elle et la dépasse infiniment en valeur spécifique.

Pour toutes ces raisons, il nous semble insuffisant de définir la catholicité par la seule universalité numérique ou spatiale. Il faut donc, sans supprimer ces divers éléments, en spiritualiser le contenu, pénétrer leur cause intime, l'âme qui se cache sous leur enveloppe matérielle, mettre en relief en un mot non pas tant la *quantité* que la *qualité* de l'universalisme catholique.

***

L'étymologie du mot catholique n'est pas à abandonner, car suivant la loi profonde formulée par saint Thomas (1), le mot est le signe de l'idée et l'idée est le signe du réel. Oui, catholique veut dire universel, mais cette universalité, nous venons de le voir, ne peut pas s'interpréter dans un sens exclusivement quantitatif. Quelle est donc sa vraie nature ? Pour répondre à cette question, nous essayerons d'établir les deux propositions suivantes :

1° *L'universalisme qu'implique la notion de catholicité, doit s'entendre d'un universalisme spirituel, qui explique et fonde l'universalité d'extension. Cet universalisme s'oppose donc, premièrement et directement, à tous les particularismes qui matérialisent et humanisent la religion fondée par Jésus et qui, par suite, empêchent les progrès de son expansion à travers le monde.*

2° *L'Eglise romaine s'étant seule préservée, parmi les diverses communions chrétiennes, de tous ces particularismes, peut seule aussi prétendre à la catholicité.*

(1) S. Thomas, *Summ. Theol.*, Iʳᵉ P., Q. III, a. 1.

CHAPITRE II

La catholicité qualitative comme propriété.

Jésus, nous l'avons vu plus haut, a voulu que sa religion débordât le cadre étroit du Judaïsme, pour se diffuser, sans acception de personnes ou de races, à travers le temps et l'espace. Comment ce phénomène prodigieux, unique dans l'histoire des religions, a-t-il pu se réaliser? En voici la raison. Tout homme, quels que soient sa nationalité, son rang social, son degré de culture intellectuelle, peut faire partie du royaume fondé par Jésus, car ce n'est pas un royaume de ce monde. Les éléments qui le composent, étant d'essence spirituelle et morale, font abstraction de tous alliages humains nécessairement particularistes et déterministes. C'est ce qu'il nous faut justifier brièvement, en nous inspirant, cela va sans dire, des travaux des spécialistes en exégèse (1).

Ce caractère spécifique de la religion de Jésus se révèle principalement dans sa lutte contre le démon, dans les conditions qu'il fixe pour faire partie du royaume, dans son enseignement parabolique.

(1) Nous avons principalement utilisé les remarquables études de BATIFFOL sur le royaume de Dieu (*L'Enseignement de Jésus*, ch. v), et de ROSE, sur la spiritualité et l'universalité du royaume de Dieu (*Etudes sur les Evangiles*, ch. III).

Le *seul* ennemi du royaume est le mal et le péché personnifié en Satan. Le démon, après avoir essayé par deux fois de tenter le Sauveur, en le sollicitant d'user de sa puissance pour soulager sa faim et en s'efforçant de le faire tomber dans la présomption, « le transporte encore sur une montagne très élevée et il lui montre tous les royaumes du monde et leur gloire, et il lui dit : Tout cela je te le donnerai, si te prosternant tu m'adores. Alors Jésus lui dit : Retire-toi, Satan! Car il est écrit : Tu adoreras le Seigneur, ton Dieu, et tu le serviras lui seul. Alors le diable le laisse. Et voici, des anges s'approchèrent, et ils le servaient » (1). « Ce monde est mauvais, il appartient à Satan auquel Dieu l'a abandonné. Royauté, gloire et opulence sont à ses pieds, s'il reconnaît le prince de ce monde qui en personnifie les lois et les tendances, s'il accepte ces lois hostiles aux lois de Dieu. Jésus, en refusant, rompt avec l'espérance messianique d'Israël. Celui-ci attend la délivrance politique, l'exaltation de sa race et l'hommage de toutes les nations de la terre qui seront ses humbles vassales. Son royaume n'est pas de ce monde (2). »

Aussi bien, le fait de chasser les démons est-il regardé par Jésus comme une preuve décisive de l'inauguration de son royaume. « Il ne chasse les démons que par Béelzébud, prince des démons, s'écrient les Pharisiens après la guérison d'un possédé. Et Jésus connaissant leurs pensées leur

____

(1) *S. Matth.*, ch. VI, v. 8-11. Trad. Rose, Paris, Bloud, 1904.
(2) *Ibid.*, p. 25.

dit : Tout royaume divisé contre lui-même est dévasté, et toute ville ou maison divisée contre elle-même ne peut subsister. Si Satan chasse Satan, il est divisé contre lui-même ; comment donc son royaume subsistera-t-il ? Et si moi, je chasse les démons par Béelzébud, vos fils par qui les chassent-ils ? C'est pourquoi ils seront eux-mêmes vos juges. Mais, si c'est par l'esprit de Dieu que moi je chasse les démons, c'est donc que le royaume de Dieu vous est parvenu (1). » Le royaume de Dieu n'est pas purement eschatologique. Pour le réaliser dans sa première phase, il faut se libérer du joug de Satan, l'unique obstacle à sa fondation dans les cœurs. L'âme de l'homme nouveau n'ayant pas d'autre maître que Dieu, n'a pas d'autres ennemis que les ennemis de Dieu (2).

Après l'exorcisme de Capharnaüm, l'impression mêlée d'effroi et d'admiration dont la foule est saisie, montre d'une manière très suggestive que le règne de Dieu progresse dans la mesure où Satan recule. Son mode de développement ne ressemble en rien à celui des royautés terrestres. Il est donc d'un ordre supérieur à toutes les choses du temps et de l'espace. « Il y eut une grande stupeur sur tous, de sorte qu'ils se demandaient les uns aux autres : Qu'est-ce que ceci ? Une nouvelle doctrine avec autorité. Il commande même aux esprits impurs et ils lui obéissent (3). »

Les conditions d'entrée dans le royaume sont

(1) *S. Matth.*, ch. XII, v. 25-29.
(2) *S. Luc*, ch. X, v. 17-21 ; ch. XII, v. 31 ; *S. Marc*, ch. IV, v. 15.
(3) *S. Marc.*, ch. I, v. 27.

également une claire indication de sa nature essentiellement religieuse et spirituelle. « Ce n'est pas quiconque me dit : Seigneur, Seigneur, qui entrera dans le royaume des cieux, mais quiconque fait la volonté de mon Père qui est dans les cieux (1). » « La pénitence est la première disposition que Jésus requiert : « Repentez-vous, car le royaume des cieux est proche » (*Matth.*, IV, 17)... Puis, après la pénitence, la justice : « Car je vous dis que si votre justice ne dépasse pas celle des scribes et des pharisiens, vous n'entrerez pas dans le royaume des cieux » (*Matth.*, V, 20). L'homme qui est possédé par ses richesses n'entrera qu'en se dépouillant, car « difficilement un riche entrera dans le royaume des cieux » (*Matth.*, XIX, 23). La simplicité et la pureté du cœur, reconquises par une conversion sincère et profonde, achèveront de disposer l'homme au royaume : « Je vous le dis en vérité, si vous ne vous convertissez et ne devenez comme les petits enfants, vous n'entrerez point dans le royaume des cieux » (*Matth.*, XVIII, 3) (2). Le bonheur que l'on goûte dans ce royaume, n'a pas de commune mesure avec celui que le monde recherche et estime, et les biens qu'il procure sont d'une espèce surnaturelle. Aussi les satisfaits n'y peuvent prétendre ; ils ont déjà reçu leur récompense (*Luc*, VI, 24-27).

Interrogé par les Pharisiens quand viendrait le royaume de Dieu, Jésus leur répond : « Le royaume de Dieu ne vient pas de manière à frap-

---

(1) *S. Matth.*, ch. VII, v. 21
(2) Batiffol, *op. cit.*, ch. V. *Le royaume de Dieu*, p. 159.

per les regards. On ne dira point : Il est ici, ou :
Il est là. Car voici, le royaume de Dieu est au
dedans de vous (1). » Son royaume n'apparaît
pas comme un brillant météore qui éblouit les
yeux, il est invisible parce que spirituel.

Les paraboles précisent et dévoilent d'une
manière définitive la divine transcendance de ce
royaume. « Leur donnée générale est que ce règne
ne se fonde pas par une intervention subite de
Dieu, par une manifestation irrésistible de toute
sa puissance ; il s'établit dans les cœurs ; il s'y
sème comme une semence ; il y croît silencieusement, lentement, de lui-même ; puis il s'épanouit
comme une tige qui se dresse enfin visible et riche
de graines, mûre pour la moisson (2). » « Il en est
du royaume de Dieu comme quand un homme
jette de la semence en terre. Et qu'il dorme et
qu'il veille, la nuit et le jour, la semence germe
sans qu'il y pense. D'elle-même, la terre produit,
d'abord l'herbe, puis l'épi, puis le grain tout formé
dans l'épi ; et, quand le fruit est mûr, aussitôt il
y met la faucille, car la moisson est venue (3). »
Les paraboles de l'ivraie, du grain de senevé, du
levain, du semeur, forment également une anti-
hèse saisissante, entre la conception que les Juifs
se faisaient du royaume, et son essence toute
spirituelle et intérieure : « A l'éclat, le Sauveur
oppose l'invisible ; à l'instant, l'élaboration lente ;
l'infaillibilité de l'acte, la collaboration des

(1) *S. Luc.*, ch. XVII, v. 20 et 21.
(2) ROSE, *op. cit.*, ch. III, p. 113 et seq.
(3) *S. Marc*, ch. IV, v. 26-34.

âmes et des volontés ; à l'imminence, un lointain indéfini (1). »

Le royaume de Jésus n'est pas de ce monde, aussi les biens qu'il renferme sont-ils d'une valeur inestimable et, pour les acquérir, on sacrifie tout, on vend tout ce que l'on possède. « Le royaume des cieux est encore semblable à un trésor caché dans un champ. L'homme qui l'a trouvé le cache ; et, dans sa joie, il s'en va et vend tout ce qu'il a, et achète ce champ. Le royaume des cieux est encore semblable à un marchand qui cherche de belles perles. Ayant trouvé une perle de grand prix, il s'en alla et vendit tout ce qu'il avait et l'acheta (2). »

Cette spiritualité du royaume lui permet, dès lors, de comprendre toutes les nations indistinctement, c'est elle et elle seule qui explique et fonde, comme nous le disions plus haut, son universalité d'extension.

« Si l'avènement du royaume consiste en ce que la volonté de Dieu soit faite sur la terre comme au ciel, cette terre n'est pas plus déterminée et circonscrite que le ciel. Jésus montre à ses disciples le soleil qui se lève et la pluie qui tombe aussi bien sur le champ du juste que sur le champ de l'injuste : Dieu dans la nature est égal pour tous, et nul ne le voit faire de différence entre le païen et le juif. L'entrée dans le royaume n'est pas le privilège d'une race et l'héritage propre des fils d'Abraham, puisqu'il suffit de faire la volonté du Père qui est dans les cieux. Cette docilité est

____

(1) ROSE, *op. cit.*, ch. III, p. 115.
(2) *S. Matth.*, ch. XIII, v. 44-47.

le fruit de la parole de Dieu semée par le semeur : mais le semeur sème sans demander à la terre si elle est juive, ou samaritaine, ou grecque ; il ne lui demande que d'être bonne. Le semeur d'ivraie est le diable ; or le diable est le maître de tous les royaumes de la terre. « Celui qui sème le bon « grain, c'est le Fils de l'homme ; le champ est le « monde » (*Matth.*, xiii, 37-38) (1).

L'amour du chrétien pour l'humanité où il ne voit plus que des frères d'un même Père qui est au ciel (*Matth.*, v. 45), ne sera pas seulement un amour *universaliste*, ce sera aussi un amour *efficace*. Aimer, c'est vouloir du bien à autrui non pas d'un vouloir platonique, mais d'un vouloir qui actue les désirs (2). Le vrai chrétien doit donc avoir l'âme constamment travaillée du ferment généreux de l'apostolat. « Tous reconnaîtront que vous êtes mes disciples, si vous vous aimez les uns les autres » (*Jean,* xix, 35).

Cette charité internationale et agissante sera également, et pour la même raison, *surnaturelle* dans la fin qu'elle poursuit et dans ses moyens de prosélytisme. Elle aura pour but essentiel le salut de l'âme, sa participation aux fruits de la Rédemption, conformément au programme religieux esquissé par Jésus lui-même à ses apôtres. « Allez donc, faites disciples toutes les nations, les baptisant au nom du Père, du Fils et du Saint-Esprit, leur apprenant à observer tout ce que je vous ai commandé » (*Matth.*, xxviii, 19).

---

(1) Batiffol, *op. cit.*, ch. v, p. 175.
(2) S. Thomas, *Summ. Theol.*, 1ʳᵉ P., Q. XX, a. 2.

*
* *

L'universalisme spirituel fondé par Jésus s'opposera donc tout d'abord aux particularismes qui sont de nature à humaniser sa religion, à voiler son éclat surnaturel et par suite, *mais ceci n'est qu'une conséquence*, à entraver sa possibilité d'adaptation internationale. Ces deux effets, nous le constaterons bientôt, forment un couple aussi infrangible que l'étroite union, dans l'ordre intellectuel, entre l'immatérialité du concept et son universalité (1). Seulement il importe de le remarquer, cette opposition à tous les particularismes, n'est en définitive qu'une propriété dérivant de son essence surnaturelle. Il ne faudrait donc pas faire de cet universalisme quelque chose de négatif; tous les éléments qui le composent sont très positifs au contraire.

Quels sont ces particularismes? Voici, semble-t-il, comment on pourrait les sérier par degré d'intensité.

Il y a d'abord le particularisme du moi ou l'individualisme religieux. Il consiste à se regarder comme la mesure de toutes choses, et rejetant le joug salutaire d'une autorité collective, à ne se fier en définitive qu'à son propre jugement. Ce particularisme n'aura pas seulement pour effet de détruire l'universalité d'extension de la religion de Jésus, en la marquant d'une effigie trop personnelle pour déborder le temps et l'espace, mais surtout, en vertu du rationalisme implicite que comporte une pareille attitude, d'en minimiser

______

(1) S. Thomas. *Summ. Theol.*, Iʳᵉ P., Q. XIV, a. 1.

presque fatalement tout le côté transcendant. Un homme *isolé*, fût-il très pieux et très savant, ne résiste pas longtemps à la tentation de faire descendre le dogme au niveau de son intelligence. La raison laissée à elle-même supporte mal le joug d'une vérité qui la dépasse, et tôt ou tard elle finira par le briser. Cela n'a rien qui doive surprendre. Déjà dans l'ordre humain et en face de vérités qui sont proportionnées à notre capacité naturelle de connaître, il nous est malaisé d'être objectifs. Il y faut pour cela, non seulement une faculté saine et capable de bien réfléchir les choses sans les déformer, mais encore ce désintéressement absolu, qui nous empêchera, comme dit Pascal, de teindre les objets de nos qualités. Ces conditions de la rectitude du jugement (1) ne sont-elles pas beaucoup plus difficiles à réaliser dans l'ordre surnaturel, où l'intelligence se trouve en présence du mystère, et où le désintéressement requis pour y adhérer devient ici de l'humilité ? Aussi, avons-nous besoin d'une autorité tutélaire pour nous protéger contre nous-mêmes. L'individualiste se croit peut-être libre et fort parce qu'il marche seul, en réalité il subit la pire des servitudes, celle du moi, en même temps qu'il se trouve

---

(1) « Rectum judicium, in hoc consistit, quod vis cognoscitiva apprehendat rem aliquam, secundum quod in se est. Quod quidem provenit ex recta dispositione virtutis apprehensivæ : sicut in speculo, si fuerit bene dispositum, imprimuntur formæ corporum, secundum quod sunt : si vero fuerit speculum male dispositum, apparent ibi imagines distortæ et prave se habentes. Quod autem virtus cognoscitiva sit bene disposita ad recipiendum res, secundum quod sunt, contingit quidem radicaliter ex natura, consummative autem ex exercitio, vel ex munere gratiæ. Et hoc dupliciter. Uno modo directe ex parte ipsius cognoscitivæ virtutis, puta quia non est imbuta pravis conceptionibus, sed veris et rectis... alio modo indirecte ex bona dispositione affectivæ virtutis. » (S. THOMAS, *Summ. Theol.*, I, II, Q. LI, a. 3, ad 1.)

pris dans un engrenage où le dogme s'émiettera peu à peu. « *Hœreticus*, dit saint Thomas, *eligit... ea quœ sibi propria mens suggerit. Et ideo hœresis est infidelitatis species, pertinens ad eos qui fidem Christi profitentur, sed ejus dogmata corrumpunt* (1). »

Voilà pourquoi Jésus, conscient du redoutable danger de ce particularisme, n'a pas seulement, par des préceptes généraux sur l'humilité (2), signalé le péril du sens propre appliqué aux mystères du royaume des cieux, mais il a voulu qu'une autorité sociale fût chargée de conserver et de propager son message au monde et il a institué l'Eglise. « Et moi je te dis que tu es Pierre, et que sur cette pierre je bâtirai mon Eglise, et que les portes de l'enfer ne prévaudront pas contre elle. Et je te donnerai les clefs du royaume des cieux, et tout ce que tu lieras sur la terre sera lié dans les cieux (3). » Pierre est donc constitué l'intendant unique de la maison nouvelle, le seul introducteur au royaume de Dieu (4).

Au-dessus de ce premier type de particularisme, on rencontre celui de la faction politique, de l'école philosophique, bref, du système d'idées, de tendances, d'activités, que tel ou tel groupement social représente toujours au sein d'une nation civilisée et vivante. Evidemment, tous ces particularismes, considérés en eux-mêmes, ne sont pas à condamner, ils peuvent même être parfaitement

<hr>

(1) S. THOMAS, *Sum. Theol.*, II, II, Q. XI. a. 1.
(2) *S. Matth.*, ch. XVII, v. 3 ; ch. XI, v. 25.
(3) *Ibid.*, ch. XVI, v. 18 et 19.
(4) ROSE, *Evang. selon S. Matth.*, ch. XVI, p. 131, note 19.

légitimes dans leur ordre, mais ils ont pour objet des problèmes de ce monde. Or, comme on l'a très bien dit (1), vis-à-vis des problèmes de ce monde, Jésus n'a qu'une attitude : *l'indifférence*. Le danger est donc d'associer trop intimement les intérêts d'un parti à ceux de l'Evangile et de nuire ainsi à sa double universalité. A coup sûr, le chrétien ne peut pas refuser son attention à toutes ces contingences au milieu desquelles il vit, souvent même il y est tenu en raison de ses devoirs d'état, mais c'est à la condition expresse de laisser l'Evangile dans sa sphère transcendante, et de le placer si haut dans sa pensée et dans son cœur, qu'il ne lui vienne même pas à l'idée de lier sa fortune à la fortune des institutions mouvantes de ce monde.

Il y a enfin le particularisme national qui restreint l'universalisme du royaume des cieux, dans la perspective étroite et toute terrestre de l'intérêt d'un pays, ou l'utilise à l'intérieur et à l'extérieur comme agent de domination politique. On sait avec quelle vigueur Jésus a lutté contre ce particularisme-là, et avec quel soin jaloux il a gardé la noblesse de son idéal religieux de toutes les mésalliances du nationalisme juif. « Il n'oppose pas la royauté qu'il prêche aux puissances terrestres. Son royaume des cieux n'est pas celui de la vision de Daniel, telle que l'ont comprise ses contemporains. Il prend la fuite et se dérobe à la foule qui le cherche pour le faire roi. Il reconnaît l'autorité de l'Empereur et ordonne de lui payer la

____

(1) E. BAUDIN. *Le droit de propriété dans le Nouveau Testament.* *Revue du Clergé français,* 15 juillet 1908, p. 133.

taxe ; il a fixé par une formule nette la différence du domaine politique et du domaine religieux, des droits de César et des droits de Dieu. Le règne qu'il veut établir n'est donc pas l'ennemi du pouvoir romain ; il peut coexister avec lui, il en est indépendant puisqu'il est d'un autre ordre (1). »

Ce triple particularisme compromettra aussi, et pour la même raison, le caractère d'universalité et de spiritualité du prosélytisme chrétien. Nous ne nous attarderons pas longtemps à l'établir, car il est bien évident que dans la mesure où tous ces parasites d'ordre inférieur et temporel viendront altérer la pureté céleste de la bonne graine que le divin semeur a jetée en nous, dans cette mesure-là aussi nous limiterons notre amour pour les hommes dans le sens de nos préférences personnelles, sociales, nationales, ce qui sera du même coup en diminuer l'ampleur, la constance, l'efficacité surnaturelle.

Nous pouvons donc conclure, après cette rapide esquisse, que l'universalisme signifié par l'étymologie du mot catholique est *premièrement et directement d'ordre qualitatif et spirituel,* il fonde et explique l'universalité d'extension, mais celle-ci n'en est que l'effet extérieur et visible.

En conséquence, parmi les diverses communions qui se réclament du Christ, celle qui se sera délivrée de tous les particularismes humains dont nous avons parlé, en conservant l'universalisme religieux du royaume, en lui-même ou dans son expansion au dehors, pourra seule prétendre au

(1) ROSE, *Études sur les Évang.,* ch, III, p. 103.

titre de *catholique*. Ces divers particularismes ont
en effet des attaches trop profondes avec la nature
humaine pour n'être pas éternels comme elle. Et
si Jésus a eu à en défendre sa religion, l'Eglise
qui aura vraiment hérité de son esprit, devra
continuer à travers les âges la même mission pro-
tectrice, et lutter elle aussi contre ces tendances
vivaces qui sont toujours là, menaçant d'envahir
son œuvre et d'en faire une chose de ce monde.

*
* *

Avant de chercher quelle est cette Eglise, montrons d'abord que la notion de catholicité, ainsi
complétée par cet élément spirituel, échappe aux
critiques que soulève l'interprétation trop exclusivement quantitative.

Tout d'abord la catholicité ne se confond plus
avec l'unité. Sans doute, elle suppose l'unité comme
condition préalable, mais elle s'en distingue
réellement et possède ainsi une valeur autonome
pour servir à désigner la véritable Eglise. L'unité
est cette propriété en vertu de laquelle l'Eglise
réalise l'indivision dogmatique, hiérarchique,
cultuelle que le Christ a instituée; la catholicité,
cette propriété qui assure la permanence du
caractère de spiritualité, de transcendance, de
supernaturalité dont Jésus a voulu doter sa religion et qui, s'opposant à tous les particularismes
d'ordre inférieur, permet son universalité d'extension. Voilà pourquoi, lorsqu'une fraction considérable de la chrétienté se sépare de l'Eglise,
l'Eglise universelle infaillible et indéfectible, la

véritable Eglise, l'Eglise catholique ne sera pas seulement là où existera l'intégrité dogmatique, mais encore là où brillera cet universalisme spirituel dont nous avons parlé, car, ainsi que nous le verrons bientôt, toutes les Eglises qui tombent dans le schisme ou l'hérésie, ne rompent pas seulement avec l'unité, mais deviennent la proie de l'un ou l'autre des particularismes décrits plus haut.

Il nous semble ensuite que la catholicité atteint maintenant sa pleine valeur de signe de la véritable Eglise. L'universalisme qu'il implique, étant d'une essence divine et surnaturelle, peut, *en droit,* servir à désigner une société de même ordre comme l'Eglise. Nous ne trouvons plus ici ces limites matérielles qui tout à l'heure séparaient la conclusion des prémisses. Le nombre et l'expansion géographique auront pour rôle d'être l'incarnation visible de l'idéal antiparticulariste de Jésus, de le multiplier, de l'étendre à travers le temps et l'espace. C'est pourquoi ils sont nécessaires, répétons-le encore, pour que la catholicité soit une note de l'Eglise, *mais à la condition qu'à travers leur enveloppe sensible se révèle cet universalisme qualitatif.*

Enfin, la catholicité repose désormais sur une base ferme et que les statistiques ne sauraient ébranler.

Saint Thomas enseigne, avec toute l'Ecole, que la quantité et la qualité augmentent d'une manière toute différente. Le plus dans l'ordre de la quantité s'opère par l'addition et l'extension de parties homogènes, dans l'ordre de la qualité il s'effectue par intensité, c'est-à-dire par la participation plus profonde du sujet à une forme déterminée (1). Cette doctrine, on le voit, est très suggestive en l'espèce, car ainsi que nous l'avons insinué plus haut, la catholicité de l'Eglise ne se mesure pas sur l'universalité numérique et spatiale. A une époque où elle compterait un chiffre moindre de fidèles, elle pourrait être plus catholique, si elle réalise mieux cet universalisme spirituel que Jésus est venu apporter au monde. La véritable norme de la catholicité de l'Eglise n'est donc pas tant dans les progrès de sa diffusion que dans le caractère surnaturel de ses conquêtes. Ce n'est pas, comme le disait si bien le regretté chanoine J. Didiot, « parce que l'Eglise comptera un millier d'adhérents de plus, parce qu'elle aura envoyé des missionnaires dans une contrée jusque-là inexplorée, qu'elle sera plus catholique qu'auparavant », mais, ajouterons-nous, afin d'éclairer ce que ces paroles ont d'obscur en raison de leur laconisme, dans la mesure où elle apparaîtra, plus libérée de toute ambition terrestre, plus consciente de la divinité de sa mission, plus soucieuse de ne pas faire du royaume des cieux dont elle a la garde, un royaume de ce monde, plus dégagée en un mot de tous les particularismes dont nous venons de parler. D'ailleurs, dans cette mesure-là aussi, son prestige et sa

(1) « Formam esse majorem est eam magis inesse susceptibili, non autem aliam formam advenire, hoc enim esset, si forma haberet aliquam quantitatem ex seipsa. » (S. Thomas, *Summ. Theol.*, II, II. Q. XXIII, a. 5.) Pour les développements et la justification philosophique de cette pensée de saint Thomas, nous renvoyons le lecteur aux vigoureux et pénétrants articles du R. P. Lacome, O. P., *Théories physiques, à propos d'une discussion entre savants, Revue thomiste*, t. I (1893), pp. 677-693 et t. II (1894), pp. 94-106.

puissance de prosélytisme augmenteront. Toutes les âmes en qui le Sauveur a jeté le bon grain dont parle l'Evangile, iront en foule vers cette Eglise, certaines de par la divinité qui resplendit sur son front, qu'elle est seule la terre féconde et bénie où la céleste semence pourra croître et porter tous ses fruits.

CHAPITRE III

La catholicité qualitative comme note.

Passons maintenant de la question de *droit* à la question de *fait*, et cherchons quelle est au sein des diverses communions chrétiennes, celle qui possède la catholicité. La réponse ne saurait être douteuse. Non seulement l'Eglise romaine porte seule le titre de catholique, mais seule aussi elle est en demeure de le justifier. Tout d'abord elle a les conditions nécessaires de la catholicité : l'unité de foi et de gouvernement, unité qui fait défaut en totalité ou en partie (1) aux autres Eglises ; puis un nombre de fidèles et une expansion suffisant à prouver que son universalité dans l'espace n'est pas purement nominale. Mais surtout et avant tout, l'Eglise romaine est catholique, c'est-à-dire universelle au sens profond et évangélique du mot, parce qu'elle a toujours su, dans sa course déjà longue à travers les siècles, se préserver des particularismes qui, chez les sectes dissidentes, ont altéré, humanisé, matérialisé l'universalisme spirituel de la religion de Jésus, et par une conséquence nécessaire, entravé les

____

(1) Dans le rapport très remarqué qu'il a présenté au Congrès de Velehrad, le R. P. Urban, S. J., a justement observé que les Eglises grecque et russe possèdent dans une certaine mesure l'unité. Cf. *Revue des Sc. Ph. et Th., Bulletin d'Apolog.,* oct. 1908, pp. 790 et 791.

progrès de sa diffusion. Elle possède donc un caractère spécifique propre. Nous ne voulons pas dire, à coup sûr, que tout soit sans tache dans le passé de l'Eglise romaine, que sa catholicité interne ou externe n'ait jamais connu d'ombre ou ait encore atteint toute sa plénitude — ce serait d'un optimisme excessif — mais cependant elle seule, quelles que soient les défaillances que l'histoire y relève, a résisté efficacement à l'envahissement destructeur de ce triple particularisme que nous avons analysé plus haut.

1° On sait ce que le particularisme du moi ou l'individualisme religieux a fait de l'Evangile. Son œuvre néfaste est surtout visible dans le protestantisme. Sous l'action terriblement dissolvante, parce que fatalement rationaliste, de l'esprit privé, le christianisme a perdu peu à peu la transcendance surnaturelle que lui assuraient ses principaux mystères, pour n'être plus qu'une religion sans dogmes, apportée au monde par un homme et taillée à la mesure de l'intelligence et de la volonté de l'homme (1). Chez beaucoup de

(1) Bossuet avait admirablement saisi et exprimé ce rationalisme que le principe protestant contient en germe. « M. Jurieu dira sans doute que ce n'est pas la raison seule, mais encore l'Ecriture Sainte qu'il oppose au luthérien et au catholique sur ces paroles : Ceci est mon corps. Mais, outre comme nous verrons, que le socinien en fait bien autant, voyons ce qui a frappé M. Jurieu et répétons le passage que nous venons de citer sur ces paroles : Ceci est mon corps. Le sens de la présence réelle « nous conduit, dit-il, à des prodiges, à renverser les lois de la nature, l'essence des choses, la nature de Dieu, l'Ecriture Sainte, à nous rendre mangeurs de chair humaine ». L'Ecriture est nommée ici, je l'avoue, car aussi pouvait-on l'omettre sans abandonner la cause. Mais l'on voit par où l'on commence, ce qu'on exagère, ce qu'on met devant l'Ecriture, ce qu'on met après, et on ressent manifestement que ce qui choque et ce qui décide en cette occasion, c'est enfin naturellement, *la raison humaine. On sent qu'elle a succombé à la tentation de ne pas vouloir se résoudre à croire des choses où elle a tant à souffrir : c'est en effet ce qui frappe tous les calvinistes.* » (*Sixième Avertissement*, III° P., n. XXX). Cf. E. JULIEN, *Bossuet et les Protestants, Rev. prat. d'Apolog.*, 1er oct. 1908.

nos frères séparés, cette ruine doctrinale est déjà un fait accompli, quelques-uns se demandent même s'ils sont encore chrétiens. On nous dispensera d'apporter les preuves de cette dissolution dogmatique, elle est évidente et connue de tous (1). Pour ceux qui croient encore à la divinité de Jésus, on a tout lieu de craindre que leur foi ne se laisse entamer par l'ambiance rationaliste au sein de laquelle ils vivent. En vérité, il n'y a pas pour le christianisme de particularisme plus meurtrier que celui-là.

Mais, objectera-t-on, un spiritualiste peut admettre l'existence de l'âme, croire même aux relations de celle-ci avec le Dieu Père de l'Evangile, et nier le miraculeux. C'est vrai, tout ce qui est spirituel n'est pas nécessairement surnaturel, mais en revanche, tout ce qui est surnaturel est nécessairement spirituel, bien plus, c'est le plus haut degré du spirituel. Pour y adhérer, il ne faut pas seulement dépasser le déisme de la religion naturelle, mais monter par la foi jusqu'aux cimes les plus élevées de l'invisible, là où la chair et le sang n'ont pas accès, là où la raison éblouie par l'intensité même de cet immatériel, doit renoncer à le comprendre, avouer la faiblesse de son regard et son impuissance à le contempler en face : « *Quod est maxime cognoscibile in se,* dit saint Thomas, *alicui intellectui cognoscibile non est,*

---

(1) Cf. J. LEBRETON, *L'Encyclique et la Théologie moderniste. Etudes,* 20 nov. 1907 ; — J. BRICOUT, *Les Eglises réformées de France, Revue du Clergé français.* 15 janv. et 1ᵉʳ fév. 1908 ; — A. DOSSAT, *La crise doctrinale du Protestantisme français. Revue Augustienne,* 15 juin 1908 ; — L. FILLION, *Ce que les rationalistes daignent nous laisser de la vie de Jésus. Revue du Clergé français,* 1ᵉʳ juillet, 1ᵉʳ août-5 septembre 1908, etc.

propter excessum intelligibilis supra intellectum : sicut sol, qui est maxime visibilis, videri non potest a vespertilione propter excessum luminis (1). » Aussi bien, ne peut-on pas toucher au surnaturel, au miraculeux de l'Evangile, sans atteindre du même coup la spiritualité de son contenu. Eclairons ce principe général à l'aide de quelques exemples.

Nous avons vu plus haut, que le caractère spirituel de la religion chrétienne s'affirme dans et par la lutte de Jésus contre le démon. Mais, si Satan n'est qu'un mythe, si les possédés ne sont que de pauvres hystériques, l'exorcisme un phénomène naturel, que devient la spiritualité de ce royaume si fortement mise en relief par la *réalité* de son principal ennemi ? Supprimez la divinité de Jésus, et du même coup, son enseignement, sa vie, sa mort, la permanence de son action dans le monde cessent d'occuper cette sphère transcendante à toutes les catégories de l'humain, du créé, où sa filiation éternelle les plaçait d'emblée et pour toujours. « Dieu a tant aimé le monde, lisons-nous dans saint Jean (iii, 17), qu'Il lui a donné son Fils unique » ; mais si cette parole ne traduit pas une réalité, la paternité de Dieu à notre égard s'en trouve considérablement amoindrie ; en définitive, n'est-ce pas par le don qu'Il nous fait de son Fils, que cette paternité revêt dans le Nouveau Testament un caractère absolument nouveau et unique dans l'histoire des religions ? Otez à la révélation évangélique son titre de communication surnatu-

<hr>

(1) S. Thomas, *Summ. Theol.*, Iʳᵉ P., Q. XII, a. 1.

relle de vérités surnaturelles, et le royaume des cieux n'est plus cette perle dont la divine origine nous garantissait l'inestimable valeur. Si le bon grain que le semeur jette de par le monde, ne vient pas des greniers du Père céleste, mais d'un cerveau humain, comment expliquer sa vertu infinie, sa force intérieure, d'une puissance de vie et d'expansion telle, qu'il croît de lui-même, sans emprunter au dehors des éléments hétérogènes !

Il peut se faire, sans doute, que le germe rationaliste ne porte pas tous ses fruits de mort. Pour une âme qui a de profonds besoins religieux, et qui veut échapper par la prière au déterminisme qui l'enserre, la possibilité d'un recours filial à la paternité divine résistera à tous les efforts de dissolution. Pour d'autres, moins pieux, mais peut-être plus logiques, cela excédera encore trop les limites du possible et du pensable, et le panthéisme leur semblera le seul système auquel un esprit raisonnable puisse donner une franche adhésion. L'univers c'est Dieu qui s'exprime à soi-même dans des formes successives d'existence de plus en plus parfaites. Jésus n'est donc plus Dieu *et* homme, il est Dieu manifesté *en* l'homme, il est l'expression la plus parfaite de l'humanité-Dieu. Du panthéisme à l'athéisme la distance n'est pas longue. Il n'est pas besoin de plusieurs générations pour la franchir, les faits sont là pour nous montrer qu'un même homme, après avoir commencé par le christianisme dogmatique, aboutit souvent par une série de négations au matérialisme pur.

Par son opposition si ferme aux abus de l'esprit

privé, l'Eglise romaine a su conserver intact dans l'arche sainte de son vivant magistère, l'héritage religieux du Fils de Dieu, et par suite maintenir, car les deux effets vont de pair, son caractère si profondément universel. Plus on se rapproche du Dieu de l'Evangile, plus on considère l'humanité d'un regard sympathique et fraternel. Ce n'est pas que le catholique partage l'optimisme aveugle de certaines philosophies matérialistes, mais sa foi absolue dans la révélation intégrale de Jésus, lui permet de découvrir à travers toutes les misères et toutes les laideurs, une réalité qui transfigure l'homme. Le Verbe s'étant fait chair, donne à tous ceux qui croient en lui le pouvoir de devenir « enfants de Dieu » (1). Au contact des perspectives lumineuses que le *Credo* catholique ouvre sur l'univers, devant ses mystères qui racontent et détaillent l'extraordinaire intimité de Dieu avec l'homme, les divergences particularistes de la chair et du sang disparaissent, les âmes s'égalisent et prennent une valeur infinie. Et voilà pourquoi le catholicisme assure, par ses dogmes, le maximum de sociabilité vraie et profonde. Où trouver par exemple, ailleurs que dans l'Eucharistie, une réalité plus capable de supprimer les divisions créées par les castes ou les nationalités ? Toutes ces limites ne s'évanouissent-elles pas devant l'amour infini de Jésus-Hostie qui ne fait acception de personne ? Un chrétien conscient de l'acte qu'il vient d'accomplir, ne peut pas considérer d'un œil hostile ou même indifférent son

____

(1) *S. Jean*, ch. I, v. 12.

compagnon de la table sainte. Humainement parlant, tout le sépare de lui peut-être, famille, éducation, rang social, mais sa foi renverse toutes ces barrières, pour ne plus voir en lui qu'une âme aimée du même amour que la sienne.

Au contraire, lorsqu'on se sépare du catholicisme, lorsqu'on laisse par suite l'esprit privé accomplir son œuvre de destruction, la surnaturelle beauté de l'humanité s'efface avec le progrès de la dissolution doctrinale. On ne trouve plus de centre d'unité et de terrain d'entente commune, car Dieu seul est le lieu des esprits. Alors tous les particularismes de la chair et du sang n'ayant plus de frein, finissent par créer la solitude du cœur et de l'intelligence. Il peut se faire qu'on se console de son isolement, en se croyant supérieur au reste des hommes, mais cette pensée ne tarde pas à provoquer le pessimisme et la misanthropie.

2° L'Eglise romaine a toujours proclamé la religion de Jésus indépendante de tout système politique ; en coulant l'admirable plasticité de l'Evangile dans cette sorte de particularisme, elle n'eût pas seulement nui à sa possibilité de diffusion universelle, mais encore plus au caractère transcendant de la mission que Jésus lui a confiée ; celle-ci ne consiste pas à déterminer la meilleure forme de gouvernement, elle est d'un ordre infiniment plus relevé. « L'Eglise de Jésus-Christ, dit Bossuet, voyageant comme une étrangère parmi tous les peuples du monde, n'a point de lois particulières touchant la société politique ; et il suffit de lui dire généralement ce qu'on dit aux

étrangers et aux voyageurs, qu'en ce qui regarde
le gouvernement, elle suive les lois du pays où
elle fera son pèlerinage et qu'elle en révère les
princes et les magistrats : *omnis anima potesta-
tibus sublimioribus subdita sit.* C'est le seul com-
mandement politique que le nouveau testament
nous donne (1). » Si certains de ses enfants prô-
nent parfois ces dangereuses solidarités, l'Eglise
n'entend pas assumer la responsabilité de leurs
doctrines, et en tout cas il ne faudrait pas prendre
son silence pour une approbation. « La nature de
ce royaume n'est pas comprise même aujourd'hui,
écrivait Manning. Il y en a qui, envisageant son
côté extérieur, voudraient s'en servir comme d'un
instrument de règne ou de civilisation. Ce n'est
pas là l'esprit du royaume. Sous le masque de la
religion, nous voyons des luttes, des conflits entre
hommes qui portent le nom sacré que nos saints
prirent à Antioche : le royaume de Dieu naît dans
ce tumulte violent, il y a çà et là des agitations,
des manifestations d'un zèle à la Jéhu pour les
intérêts du Seigneur ; il y a des complots formés
entre chrétiens terrestres, pour l'Eglise aussi bien
que contre elle, c'est le même esprit terrestre,
humain, qui résiste à Dieu pour se mettre du côté
de ses intérêts. On peut penser, on pense même
souvent qu'il faut répandre le royaume au moyen
de l'agitation, de l'excitation populaire, mais ce
royaume, pas plus que Dieu lui-même s'entrete-
nant avec Moïse sur la montagne, ne se manifeste
à la façon bruyante et fugitive des pouvoirs de la
terre ; il est dans la douce voix de la foi catho-

____

(1) Panégyrique de S. Thomas de Cantorbéry.

lique, dans le silencieux enseignement des sacrements, grâce auxquels nous sont découverts les mystères du monde invisible, dans le témoignage fidèle des apôtres du Christ, qui, grâce à leur descendance spirituelle, vivent encore au milieu de nous. Les mêmes hommes qui sortirent de la chambre haute, pour conquérir le monde, sont encore là, ils nous regardent, ils nous parlent. Prophètes, apôtres, martyrs, et par-dessus tout le Roi des martyrs sont avec nous jusqu'à ce jour. Depuis que le voile du temple a été déchiré en deux, le ciel et la terre sont unis ; ce que le Ciel possède est avec nous ; tout ce que la terre a reçu de Dieu est près de nous; les saints si parfaits, les maîtres divins, les serviteurs de notre Dieu, l'Eglise invisible, le grand courant spirituel qui vivifie ses membres, la présence invisible du Verbe fait chair, la cohabitation du Saint-Esprit, la puissance de l'adorable Trinité, tout cela est au milieu de nous, et constitue le royaume de Dieu dont nous sommes les héritiers et les serviteurs. Spirituel et intérieur, voilà son caractère distinctif. Il a son siège dans le cœur des hommes, dans leurs habitudes morales, leurs pensées, leurs actes, leurs affections, dans les formes et les dispositions de leur nature morale ; les formes visibles que nous voyons ne sont que l'ombre de la réalité, le royaume de Dieu consiste dans l'obéissance de l'esprit invisible de l'homme au Seigneur invisible des choses (1). »

____

(1) *Caracteristics the invisible Kingdom*, p. 191, cité par Mgr Mi-GNOT, dans *Critique et tradition. Correspondant*, 10 janvier 1904, pp. 15 et 16.

L'Eglise romaine n'a pas davantage canonisé telle philosophie technique donnée. Quoi qu'on en ait dit, elle n'a jamais lié le sort de l'Evangile à celui d'Aristote. La récente discussion sur la valeur des formules dogmatiques est venue mettre en un jour singulièrement lumineux cette catholicité doctrinale de l'Eglise, aussi universelle que le sens commun où elle s'appuie. Et ceux qui se séparent d'elle en criant à la tyrannie dogmatique, ou ceux qui, au sein des sectes dissidentes, lui reprochent avec amertume son intransigeance, sont presque toujours les pires esclaves de tel ou tel particularisme philosophique auquel ils voudraient assujettir l'Evangile. Ce n'est pas à dire que l'Eglise n'ait point exploité les ressources que lui offrait telle ou telle philosophie pour l'explication de ses dogmes, et il est facile de suivre dans l'histoire les traces de ses préférences. Mais ce qu'il y a de remarquable dans cette alliance de la foi et de la raison, c'est qu'elle a pu se conclure et se maintenir, sans porter préjudice au dogme. Semblable à un germe d'une vitalité prodigieuse, le dogme a emprunté autour de lui les éléments dont il avait besoin pour se développer dans les esprits, mais au lieu de se laisser assimiler par eux, ils les a convertis en sa propre substance, comme l'aliment se change et participe à la vie du corps qu'il nourrit. Pas un instant, le dogme n'est descendu de ce rang suprême de fin dominatrice à laquelle tout doit se subordonner (1), pour évoluer

(1) On peut dire — toutes proportions gardées — des relations du dogme avec la philosophie, ce que saint Thomas dit du rôle des disciplines scientifiques en théologie. « Hæc scientia (theologia) accipere potest aliquid a philosophicis disciplinis, non quod ex necessitate

au gré des contingences de la pensée humaine, ou des exigences de telle philosophie à la mode. Au contraire, en dehors du catholicisme, on n'a pas seulement solidarisé le contenu révélé avec l'idéologie en vogue, mais par un renversement étrange et ruineux des rôles, la vérité religieuse est devenue la chose assimilée au lieu de rester le principe assimilateur.

3° Alors que les communions schismatiques (1) ou protestantes (2) sont devenues toutes sans exception des Eglises d'Etat, seule l'Eglise romaine est restée indépendante en face du pouvoir temporel. « Cette Eglise, écrit M. Harnack, a maintenu en Occident l'idée de l'indépendance de la religion et de l'Eglise contre les tendances de l'Etat à dominer sur le terrain spirituel...Le domaine religieux et moral n'est lié à rien de mondain et ne se laisse pas envahir. C'est un motif de reconnaissance que nous avons à l'égard de l'Eglise romaine (3). » On ne saurait reconnaître plus explicitement la

---

eis indigeat, sed ad majorem manifestationem eorum quæ in hac scientia traduntur. Non enim accipit principia ab aliis scientiis sed immediate a Deo per revelationem. Et ideo non accipit ab aliis scientiis tanquam a superioribus, sed utitur eis tanquam inferioribus et ancillis : sicut architectonicæ utuntur subministrantibus, ut civilis militari. » (*Summ. Theol.*, Ire P. Q. 1, a. 5, ad 2.)

(1) « Dans tout l'Orient, l'obstacle à l'union avec Rome est plus politique que religieux... le principal avantage qu'un chrétien trouverait à l'union, l'indépendance de l'Eglise, devient un inconvénient pour les politiques, qui préfèrent tenir l'Eglise dans la dépendance. » LEROY-BEAULIEU, *L'Empire des Tsars*, t. III, p. 612.

(2) « L'Eglise d'Angleterre est avant tout une institution d'Etat, » conclut M. TRÉSAL dans son beau livre sur *Les Origines du schisme Anglican* (Paris. Gabalda, 1908). Le mouvement si prononcé, qui s'est manifesté récemment au sein de cette Eglise en faveur du *désétablissement*, honore le sens catholique de ses promoteurs et permet les plus légitimes espérances pour l'avenir.

(3) *L'Essence du Christianisme.* 14° conf. La religion chrétienne dans le catholicisme romain, p. 261. Trad. franç. Paris, Fischbacher, 1902.

véritable catholicité de l'Eglise, car le particularisme national en sécularisant le royaume des
cieux (1), entrave sa possibilité d'extension universelle. « Le pouvoir spirituel, a dit en termes
saisissants le P. Lacordaire, est par son essence
même un pouvoir désarmé ; Dieu seul est capable
de lui communiquer la force intérieure dont il a
besoin pour résister pacifiquement au pouvoir
temporel. Où Dieu n'est pas, l'intrigue, la bassesse,
la peur ont bien vite subordonné l'esprit à la matière et l'ordre spirituel, s'il existe encore, n'est
plus qu'un vil fantôme à qui l'Etat laisse un roseau
pour sceptre, le mépris pour garde, et quelques
deniers pour salaire (2). » De plus, si une église
dépendante de l'Etat n'est plus qu'un instrument
docile entre ses mains, il est évident que son champ
d'action, au lieu d'embrasser le monde, se limitera
à des frontières déterminées. C'est donc bien parce
qu'elle a su échapper au particularisme étatiste,
que l'Eglise romaine est demeurée catholique.

4° Non seulement l'Eglise romaine a su défendre la catholicité spirituelle de la religion chrétienne contre les usurpations sacrilèges du pouvoir
civil, mais son universalisme qualitatif s'accuse
aussi d'une manière remarquable, dans les carac-
tères de sa diffusion à travers les âges. Jésus avait
prophétisé que son royaume ne s'établirait pas à
la manière d'une conquête bruyante et glorieuse,
accompagnée de merveilles destinées à éblouir

____

(1) Cf. Dom John CHAPMAN. *The Catholicity of the Church*, ch. IV
p. 69 et seq. Ecclesia : The Church of Christ. London. Burns and
Oates. 1906.

(2) *41ᵉ Conf.* Année 1846. Préexistence de Jésus-Christ.

les yeux. « Il en est du royaume de Dieu comme quand un homme jette de la semence en terre. Et qu'il dorme et qu'il veille, la nuit et le jour, la semence germe et croit sans qu'il y pense. D'elle-même, la terre produit, d'abord l'herbe, puis l'épi, puis le grain tout formé dans l'épi ; et, quand le fruit est mûr, aussitôt il y met la faucille, car la moisson est venue » (*Marc,* iv, 26-34). N'est-ce point ce qui est arrivé ? « Au milieu des désordres du paganisme, une scène spéciale se déroulait dans la chambre haute. Il y avait là des hommes inconnus du monde, mais qui avaient vu de grands mystères. On ne les avait vus dans aucune école, mais seulement sur les flots de la mer de Galilée ; ils avaient vu Dieu marcher sur les eaux et apaiser la tempête. Pour eux, le monde invisible était une réalité visible ; le ciel leur avait révélé sa sagesse et l'enfer ses secrets, la mort avouait sa défaite ; le tombeau n'avait plus de mystère, il était éclairé par la lumière de la vie. Ils savaient tout cela, car ils avaient vu Dieu et Dieu le leur avait montré. Ils étaient remplis de la puissance céleste à laquelle aucune force ne résiste. Ils avaient en eux la toute-puissance de la vérité, de Dieu fait chair et crucifié pour la vie du monde. A leur tour, ils s'en allèrent de par le monde, ces douze inconnus remplis d'un souffle assez puissant pour agiter le monde. Ils s'en allaient deux par deux à travers le monde, prononçant de graves paroles sur le passé et l'avenir, versant un peu d'eau sur la tête de ceux qui les écoutaient, leur donnant du pain et du vin accompagnés de prières et de bénédictions. C'était là le royaume de Dieu ! Partout où ils allaient, là le royaume s'établissait silencieusement. Partout ils furent conquérants, cependant ni rois ni empires ne tombent devant eux. Tout se tient debout et visible comme auparavant, mais l'esprit impur est chassé. Pendant que les rois faisaient la guerre, que les sophistes discutaient, que le monde suivait son cours comme auparavant, le royaume de Dieu vint et s'implanta au milieu comme Jésus vint lui-même la nuit, les portes fermées, silencieusement, apportant la paix. La venue du royaume ne fit pas de bruit sur les places publiques, il ne fut pas annoncé dans le palais des Césars. Comme la première fois, comme toujours, il vint sans être remarqué ; royaume invisible, intérieur, situé surtout dans les cœurs qu'il unit dans une sainte fraternité, les confondant ensemble dans le silence, la puissance et l'éclat de la lumière (1). » Bien que ce royaume ne fût pas de ce monde, les puissances du monde s'émurent des progrès de son extension, et par milliers, les chrétiens furent livrés aux supplices. Ce n'était pas la première fois, certes, que l'on voyait mourir avec courage, mais ce qu'il y avait d'étonnant dans le spectacle que les martyrs offraient, c'était, jointes à leur héroïsme, une humilité, une douceur, une sérénité incomparables. Touchées par ces vertus inconnues au monde païen, les âmes s'ouvraient à la lumière divine. Le sang des martyrs était une semence de chrétiens, mais cette action convertissante

(1) MANNING, *op. cit.*, p. 191.

n'obtenait point son efficace à l'aide de procédés violents, tumultueux ou morbides, le bon grain arrosé du sang des martyrs, pénétrait librement dans les cœurs, avec une sage et douce lenteur, par la seule force cachée qui était en lui (1).

Dès les origines du christianisme, cette force d'expansion ne s'est pas limitée aux nations civilisées, mais elle a pénétré chez les peuplades barbares (2). Ce mouvement d'apostolat est toujours allé en s'accentuant au cours des siècles, la découverte de nouveaux continents, la facilité des communications, loin de ralentir le zèle des missionnaires l'a enflammé au contraire et le Christ compte maintenant des témoins « jusqu'aux extrémités de la terre » (*Actes*, ı, 8) (3). Cette conquête pacifique n'a point choisi de pays ou de peuples, elle a cherché « à faire disciples toutes les nations » (*Matth.*, xxviii, 19). Elle a été surtout *surnaturelle* dans sa fin, ses moyens, ses résultats. Si parfois certains missionnaires ont cru servir les intérêts de l'Evangile, en l'associant à des préoccupations, honorables sans doute, mais trop humaines et par conséquent trop particularistes, les faits ont prouvé que l'apostolat ne peut porter des fruits durables, qu'à la condition d'être

(1) Nous avons montré ailleurs (*Rev. prat. d'Apolog.*, 15 mars et 1ᵉʳ avril 1909), la perfection de la *vertu* de force chez les martyrs.

(2) Cf. Duchesne, *Hist. anc. de l'Eglise*, t. I, ch. ii et iii; — J. Rivière, *La propagation du christianisme dans les trois premiers siècles*. Coll. *Science et Religion*. Paris, Bloud.

(3) Cf. Piolet, *Les Missions catholiques françaises au* xixᵉ *siècle*. Paris, Colin, 1902. R. P. Krose, S. J., *Katholische Missionstatistic*, Freib.-in-Breisg., Herder, 1908.

vraiment catholique au sens plein du mot (1).

Il est vrai que ce phénomène d'extension n'est point un privilège exclusif du catholicisme. Des religions, autres même que la religion chrétienne, le Mahométisme par exemple, se sont propagées avec une extrême rapidité et ont recruté un grand nombre d'adhérents. Mais si cette universalité ressemble à celle du catholicisme au point de vue de la quantité, les différences qualitatives s'accusent irréductibles. Sans vouloir déprécier ce qu'il y a d'élevé dans le Coran, il n'en reste pas moins que les causes de son succès sont d'ordre humain et ne demandent pas pour l'expliquer une intervention surnaturelle de Dieu.

Les Eglises séparées ne sauraient revendiquer pour leur apostolat, au moins à un titre égal, ce triple caractère du prosélytisme catholique : *international, constant, surnaturel*. Dans les Eglises orthodoxes, le mouvement de propagande extérieure est sinon nul, du moins très faible et ne dépasse guère la zone des possessions russes. Les missions protestantes ne datent que du début du XIXe siècle ; il est vrai que depuis ce moment elles ont pris un essor considérable et qu'elles comptent des membres zélés et profondément religieux (2). Il serait injuste de ne voir que des

(1) Dans un livre fort intéressant (*Le Christianisme et l'Extrême-Orient*, Paris, Lethielleux, 1907), rempli d'idées profondes et neuves, M. le chanoine JOLY a indiqué les progrès que la catholicité des missions avait encore à accomplir. Sans vouloir examiner ici les difficultés pratiques de la réalisation de certaines réformes proposées par le savant auteur, ou nous prononcer sur le bien fondé de telle ou telle critique, il n'en reste pas moins que la *thèse* défendue par M. le chanoine JOLY est absolument conforme à la notion même de catholicité.

(2) Cf. L. PISANI. *Les Missions protestantes à la fin du XIXe siècle.* Coll. *Science et Religion.* Paris, 1903 ; — R. P. RAGEY. *Les Missions anglicanes,* Paris, 1899.

intrigants ou des ambitieux dans ces apôtres de la Réforme auprès des infidèles. Cependant, à considérer le but poursuivi, les moyens employés la qualité des résultats, il y a au point de vue surnaturel une différence de degré tout à l'honneur du catholicisme. Un esprit impartial et qui aurait à juger les choses non pas dans le détail mais dans l'ensemble, trouvera que le désintéressement, l'absence de secours humains, l'héroïsme devant les souffrances et la mort, la catholicité spirituelle en un mot, brillent avec plus d'éclat dans les missionnaires de l'Eglise romaine (1). L'Eglise romaine est donc la seule à pouvoir pleinement justifier son titre de catholique ; elle en possède seule toutes les conditions essentielles.

(1) Un observateur — très désintéressé — M. de Hübner, trace la comparaison suivante entre les missionnaires catholiques et protestants en Océanie : « En résumé, les missionnaires des deux confessions visent le même but, mais leurs points de départ sont différents, comme aussi les voies qu'ils suivent. Le missionnaire protestant amène avec sa famille, le confort de la vie et une portion de l'air natal qu'il a respiré dans sa jeunesse. Le plus souvent, il quitte un modeste milieu, qu'il échange d'emblée contre une existence plus en évidence, contre une place marquante parmi les résidents européens, s'il y en a dans l'endroit où il exerce son ministère, et ce sont ceux-là qu'il choisit de préférence. En fort peu de temps, il devient un personnage important avec lequel doivent compter les représentants de la Couronne. C'est une belle carrière humanitaire et civilisatrice.

« Le prêtre catholique qui se dévoue à l'apostolat suit une vocation. En quittant l'Europe, il sait que probablement il ne la reverra plus. Il se sépare à jamais de sa famille et de ses amis. Il réunit dans son âme deux éléments. C'est un ascète qui répudie les jouissances du monde et c'est un explorateur qui a soif des vastes horizons de l'inconnu, il arrive seul et pauvre, il cherche les âmes qu'il espère gagner à la foi dans l'intérieur du pays qui lui est assigné comme sphère d'activité. Il s'adapte aux idées, autant que possible, aux usages, à la nourriture des indigènes, s'habille quelquefois (en Chine par exemple) à la manière des habitants du pays. Il ne revient que passagèrement et quand il le faut absolument, dans les contrées civilisés... » (*Revue des Deux Mondes*, 1ᵉʳ janv. 1886, pp. 101 et 102.)

CHAPITRE IV

La catholicité qualitative comme motif de crédibilité.

Nous avons montré que le Sauveur a voulu que son Eglise fût catholique, puis nous avons établi que seule parmi les diverses communions chrétiennes, l'Eglise romaine avait conservé ce caractère à la religion de Jésus. La tâche de l'apologiste est-elle définitivement terminée ? Nous ne le pensons pas. « Ad solam enim catholicam Ecclesiam, dit le concile du Vatican, ea pertinent omnia, quæ ad evidentem fidei christianæ credibilitatem tam multa et tam mira sunt disposita. Quin etiam Ecclesia per se ipsa, ob suam nempe admirabilem propagationem, eximiam sanctitatem, et inexhaustam in omnibus bonis fœcunditatem, ob catholicam unitatem, invictamque stabilitatem, magnum quoddam et perpetuum est motivum credibilitatis et divinæ suæ legationis testimonium irrefragabile (1). » Mais ce qui élève les notes de l'Eglise au rang de motif de crédibilité, ce n'est pas tant le simple fait qu'elle est seule, *hic et nunc*, une, sainte, catholique et apostolique, mais qu'elle le soit *toujours restée* au milieu de causes

____

(1) DENZINGER. *Enchiridion*, n° 1642, p. 339. 9° édit.

qui auraient dû détruire à jamais toutes ces marques de vérité, si Dieu n'était en elle et avec elle pour les conserver et permettre ainsi à l'Eglise d'apparaître au monde « comme un signal levé parmi les nations ». Qu'on nous permette donc, en terminant, d'énumérer brièvement les principaux facteurs qui assurent à la *permanence* de la catholicité, son caractère de miracle moral, de phénomène transcendant aux forces créées.

1° Il y a d'abord dans le seul fait que la spiritualité de la religion de Jésus soit restée à l'abri de toutes les atteintes du particularisme sous ses diverses formes, une chose bien digne de retenir l'attention. Il est si difficile au surnaturel d'occuper dans l'intelligence et le cœur de l'homme la première place, la place d'honneur. Il lui faut lutter incessamment contre le rationalisme de l'esprit qui cherche à l'égaliser à lui-même, contre ces alliages de l'humain et du divin, dont les meilleurs n'aperçoivent pas toujours le danger, contre la coalition de tous les égoïsmes qui essayent d'utiliser la religion en vue de leurs intérêts. Que l'Eglise romaine, composée d'hommes participant à toutes les faiblesses et à toutes les misères de l'espèce, n'ait jamais laissé l'un ou l'autre de ces particularismes envahir et matérialiser le royaume dont elle avait la garde, c'est là un fait psychologique assez déconcertant, si on prétend l'expliquer par les seules ressources de la nature humaine. Plus on étudiera celle-ci, et plus on y découvrira non pas une alliée, mais une ennemie, et plus par conséquent, cette préservation apparaîtra comme un événement unique dans l'histoire.

2º La catholicité de l'Eglise a triomphé d'un second obstacle aussi redoutable que le premier : la durée. Que l'opposition de l'Eglise à tous les particularismes fût vive et active aux origines du christianisme, on le comprend encore ; mais qu'elle se soit maintenue sans défaillance pendant vingt siècles, cela dépasse les lois ordinaires où l'on constate tôt ou tard un fléchissement des énergies les mieux trempées. A-t-on réfléchi à ce que représente ce long espace de temps ? Qu'on essaye de refaire par la pensée le chemin parcouru, et l'on verra que la catholicité a franchi une rude étape, à laquelle bien peu d'institutions humaines résistent. Et pourtant, ni la poussière, ni les fatigues de la route n'ont terni son front ou altéré ses traits. Elle est toujours jeune, toujours vivante, « sans tache, ni ride ». Ne serait-ce point parce qu'elle participe à la durée éternelle de celui qui assiste son Eglise et qui lui a promis « d'être avec elle tous les jours, jusqu'à la fin du monde » ?

3º Il faut également remarquer que l'Eglise a sauvegardé l'universalisme spirituel de la religion de Jésus, non pas grâce à l'ignorance, en interdisant à la pensée spéculative l'étude du document révélé, mais en favorisant les progrès scientifiques dans cet ordre, et en produisant *elle-même* d'éminents spécialistes en théologie ou en exégèse. « Aucune religion excepté une, écrivait J. de Maistre, dans une de ces intuitions prophétiques dont il avait le secret, ne peut supporter l'épreuve de la science. La science est une espèce d'acide qui dissout tous les métaux excepté l'or... La science et la foi ne s'allieront jamais hors de l'unité... J'ai dit pourquoi on ne devait attacher aucun mérite à la conservation de la foi parmi les Eglises Photiennes, quand même elle serait réelle : c'est qu'elles n'auraient point subi l'épreuve de la science (1). »

4° La lutte de l'Eglise contre toutes les tentatives de sécularisation de l'Evangile, n'a pas été une simple lutte d'idées, et ce n'est pas seulement à coup d'arguments ou de logique, qu'elle a défendu sa catholicité. Que de fois le particularisme étatiste a voulu s'imposer par la force brutale et la réduire en servitude. On sait ce que le « *non possumus* » lui a coûté de sang, et au prix de quels efforts héroïques et de quels sacrifices elle a conquis son indépendance. Elle n'a jamais refusé de rendre à César ce qui est à César, mais elle a su toujours maintenir les droits imprescriptibles du pouvoir spirituel qu'elle représente, et rendre à Dieu ce qui est à Dieu. Si la force de Dieu n'avait pas été en elle, comment aurait-elle pu se relever de toutes les ruines que les persécutions des puissances de ce monde avaient accumulées ? Est-ce qu'à certains moments de son histoire, l'Eglise ne semblait pas devoir payer de sa vie sa noble résistance ? Mais en dépit des oraisons funèbres de ses ennemis triomphants, elle renaissait de ses cendres, plus forte et plus indomptable que jamais.

5° Chose plus étonnante encore, cette catholicité spirituelle de l'Eglise n'a pas été entamée par l'indignité de ses pasteurs ou la corruption d'une grande partie de ses membres. Aux époques les

(1) *Du Pape*, liv. IV, ch. II.

plus tristes de son histoire, au moment où le royaume des cieux semblait en voie de devenir un royaume de ce monde, une main invisible arrêtait les chutes irréparables, et l'universalisme qualitatif, un moment obscurci, brillait de nouveau au firmament de l'Eglise. Jamais le particularisme du moi, ou le particularisme national n'ont pu, profitant des pires décadences, s'installer en maître dans la place. Dieu veillait sur son Eglise et empêchait l'ivraie d'étouffer le bon grain.

6° « Unum oppositorum cognoscitur per alterum, » dit saint Thomas. Pour que la catholicité de l'Eglise romaine apparaisse dans tout son relief, il ne faut donc pas seulement la considérer en elle-même, mais la comparer aux communions qui s'en sont séparées. A coup sûr, nous ne sommes pas de ceux dont parle l'abbé de Broglie et pour qui « les hérésies et les schismes sont la nuit profonde, le règne du mal absolu, de l'erreur et du mensonge (1) », mais cependant, si le fait de les voir devenir la proie de l'un ou l'autre des particularismes que nous avons analysés, est une constatation douloureuse pour le cœur, combien elle est suggestive pour l'esprit, et quel éclat reçoit la catholicité de cette ombre qui les ternit ? Il semble qu'on ne puisse abandonner l'Eglise, mère et maîtresse, sans porter sur son propre front le signe de sa condamnation.

Tous ces facteurs isolés n'ont pas sans doute une efficacité démonstrative suffisante, mais leur

_____

(1) *Religion et Critique,* liv. Iᵉʳ, p. 133. Paris, Lecoffre, 1896.

ensemble constitue une synthèse assez puissante, pour engendrer dans l'esprit la conviction ferme, que la catholicité est un indice révélateur de la présence de Dieu dans son Eglise. Voilà pourquoi il nous a semblé utile d'ajouter aux parties intégrantes de cette note, l'unité et l'extension, cet aspect qualitatif, et de lui faire atteindre par là sa pleine valeur de motif de crédibilité. Ainsi complétée par cet élément spirituel, la catholicité permet à l'Eglise d'apparaître au monde, comme la véritable et vivante incarnation de Jésus-Christ.

TABLE DES MATIÈRES

693-09. — Imp. des Orph.-App., F. BLÉTIT, 40, rue La Fontaine, Paris-Auteuil.

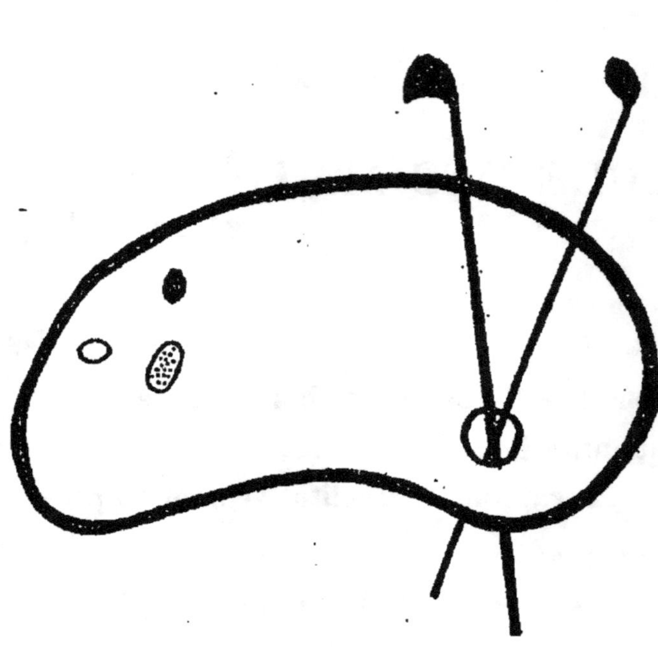

ORIGINAL EN COULEUR

NF Z 43-120-8